Couvertùres supérieure et inférieure
manquantes

LA

RUE IMPÉRIALE

DE MARSEILLE.

ACADÉMIE IMPÉRIALE DES SCIENCES, BELLES-LETTRES ET ARTS

DE MARSEILLE.

Séance du 21 Février 1867.

LA RUE IMPÉRIALE

DE MARSEILLE.

ÉTUDE HISTORIQUE ET ARCHÉOLOGIQUE

Par M. GASSEND,

Membre de la classe des Beaux-Arts.

MARSEILLE

TYP. ET LITH. BARLATIER-FEISSAT ET DEMONCHY,

rue Venture, 19.

1867.

LA RUE IMPÉRIALE
DE MARSEILLE.

ÉTUDE HISTORIQUE ET ARCHÉOLOGIQUE

Par M. GASSEND,

Membre de la classe des Beaux-Arts.

Messieurs,

L'Académie de Marseille montre une constante sollicitude pour tout ce qui concerne l'histoire de cette grande cité, en recueillant avec soin les faits les plus intéressants relatifs à son antique origine et aux diverses périodes de son glorieux passé.

Ce zèle, Messieurs, honore votre patriotisme : je crois donc répondre à ce noble sentiment en vous retraçant ici une page de notre histoire contemporaine, en vous entretenant d'un événement considérable, qui aura sa date dans les annales de notre ville, et qui n'intéresse pas seulement son commerce et son industrie, mais qui, se rattachant par plus d'un côté à la science et à l'art, mérite votre attention. Il s'agit, vous me comprenez, Messieurs, d'une création ayant nécessité l'application la plus délicate des principes d'une science qui, aujourd'hui plus que jamais, fait concourir son progrès à l'utilité générale, d'une création qui a déterminé l'emploi de moyens économiques dont la puissance a permis d'accomplir, dans le court espace de quelques années, ce qui eût été jadis l'œuvre d'une génération entière.

Je viens vous parler, Messieurs, de l'ouverture de cette grande artère qui unit aujourd'hui nos deux ports. En vous offrant un récit aussi rapide que possible des circonstances qui ont amené cet important travail et dans lesquelles il s'est réalisé, j'ai moins la prétention de vous apprendre ce que chacun de vous connaît déjà, que de vous exposer, en vous les soumettant, certaines questions techniques qui se sont produites dans l'exécution même de ces travaux.

Et d'abord, comme préambule, deux mots sur l'origine et le caractère de cette œuvre.

La rue Impériale n'a pas été, ainsi qu'on a pu le croire dans le public, une œuvre isolée, improvisée ; elle n'est qu'une partie d'une conception plus générale s'étendant à toute la vieille ville, et c'est à ce point de vue surtout qu'il faut se placer pour apprécier sainement les dispositions toutes relatives dont elle a été l'objet.

On se rappelle l'époque, déjà assez éloignée de nous, où fut résolue cette grande question de la propriété du Lazaret, revendiquée à la fois par l'Etat et par la Ville ; il fut décidé alors que cette montagne, témoin des efforts du conquérant des Gaules et de la fuite du Connétable, serait renversée dans la mer, et que, sur l'espace ainsi conquis, on établirait une nouvelle ville avec des ports, des bassins de radoub, des chantiers de construction, et enfin tout ce qui constitue un établissement maritime.

Cette entreprise gigantesque était à peine commencée qu'on s'aperçut de l'étrange effet qu'allait produire l'interposition de la vieille ville, montueuse et inaccessible entre les quartiers du centre et les nouveaux quartiers du Lazaret. La ville nouvelle, essentiellement maritime, allait se trouver séparée du centre du commerce et des affaires, cela ne pouvait pas être : l'obstacle existait, il fallait le faire disparaître.

Des esprits hardis, et peut être trop entreprenants, proposèrent de démolir d'ensemble toute la vieille ville, et de niveler le terrain, suivant un seul plan passant par le boulevard des Dames et par le quai du port.

Cette proposition rencontra naturellement de nombreux contradicteurs. On faisait remarquer avec raison que l'ancien port, origine de la fortune de Marseille, ne devait sa bonne réputation qu'à l'abri qu'il offrait aux navires, et que lui enlever ce coteau qui l'abrite contre le vent du nord, ce serait en compromettre la sûreté. D'ailleurs pouvait-on sans danger déplacer d'un coup une population de plus de cinquante mille âmes ?

Ces excellentes raisons prévalurent sans peine, et il fut arrêté alors qu'on étudierait un plan d'ensemble de nivellement de toute la vieille ville et que cette étude serait faite de manière à rendre possible la réalisation partielle du projet sans compromettre la suite réservée pour l'avenir.

Cette étude fut faite en 1858, et le plan d'ensemble eut l'honneur de figurer dans le grand atlas que l'administration municipale soumit à cette époque au Conseil d'Etat. Il s'agissait alors d'obtenir un emprunt considérable destiné à assurer la réalisation des grands travaux rendus nécessaires par l'augmentation toujours croissante de la population de Marseille.

Le plan de la rénovation de la vieille ville avait été conçu dans cet ordre d'idées : qu'il fallait respecter la forme générale de la montagne tout en l'abaissant dans une juste mesure, et assurer, au moyen de pentes relativement douces, l'exécution de trois grandes voies reliant: 1° les deux ports; 2° la place de l'Arc de Triomphe et par suite la gare du chemin de fer avec l'Hôtel-de-Ville; 3° l'extrémité du Cours, vers la rue d'Aix, avec la Cathédrale en construction.

Ces trois voies furent tracées de manière à concourir à un même point; et à leur intersection commune il fut ménagé une grande place pour servir de dégagement à ces grandes voies. Le restant du plan n'était plus que des accessoires pouvant varier suivant les besoins et les circonstances, n'ayant d'autre sujétion que de se rattacher aux trois grandes lignes formant en quelque sorte la charpente du plan général.

La question du nivellement était plus difficile à résoudre en ce sens qu'elle impliquait des nécessités de diverses natures auxquelles il fallait satisfaire sous peine de compromettre sans retour le but que l'on poursuivait.

L'étude topographique du vieux Marseille, compris entre les quais de la Joliette et du port, la Cannebière, le Cours, la rue et la place d'Aix et le boulevard des Dames, démontra qu'il fallait abandonner tout espoir de conserver la plupart des niveaux existants.

En effet, nos vieux quartiers sont établis sur une succession de coteaux inclinés généralement de l'est à l'ouest, dont la ligne de faîte, très ondulée, traversant la masse en diagonale, présente trois relèvements principaux à la cote de 36 et de 40 mètres au dessus du niveau de la mer.

Le premier de ces mamelons forme le quartier des Carmes, rattaché au plateau de l'ancienne Porte d'Aix. Le second mamelon, connu sous le nom des Accoules ou des Moulins, occupe la partie centrale, et le troisième, dit de Saint Laurent, est le plus rapproché de la mer vers laquelle ses escarpements septentrionaux plongent brusquement.

Toutes les constructions sont établies suivant les nombreux accidents que présente la surface de ce sol tourmenté, de telle sorte que la plupart des rues ne communiquent entr'elles que par des rampes inaccessibles aux voitures, et le plus souvent au moyen de marches d'escalier.

Il n'était réellement pas possible, en présence d'une pareille situation, de tenir un grand compte de ce qui existait; on se résigna donc à établir en prévision deux surfaces gauches s'appuyant sur une ligne de faîte sensiblement régulière, et venant se rattacher aux plans invariables qui sont le cours Belzunce, les quais, le plateau de La Major, où se trouve la Cathédrale, et le boulevard des Dames qui sépare la vieille ville des nouveaux quartiers de la Joliette et d'Arenc.

Or, voici qu'elles étaient et qu'elles sont encore les hauteurs relatives des points principaux à atteindre :

L'altitude de la place d'Aix est de 24ᵐ 50; celle du haut du Cours, vers la rue d'Aix, de 8ᵐ 34 ; celle des quais de 2ᵐ 40 ; celle de La Major de 11ᵐ 15, et enfin le boulevard des Dames, entre la place d'Aix et le quai de la Joliette, présente une inclinaison à peu près régulière de 3 centimètres et demi par mètre, ce qui donne la cote 10,47 à l'intersection de la grande voie des ports.

La principale difficulté consistait donc dans l'établissement de la ligne de faîte rectifiée, déterminant les deux versants de l'ancien port et du boulevard des Dames. L'ordonnance du système des voies indiquait la place centrale comme devant être un des points de la crête supérieure ayant son origine sur la place d'Aix et venant aboutir sur l'esplanade de la Cathédrale. Il était évident que de l'altitude donnée à la place dépendait tout le système des pentes à adopter pour la rénovation complète des vieux quartiers.

Sans doute il eût été à désirer que l'on pût maintenir ce point à une assez grande élévation, d'abord pour diminuer la masse du déblai et ensuite pour faciliter l'accès vers l'Arc de Triomphe et par suite vers la gare du chemin de fer, mais il y avait un grave inconvénient à éviter : celui d'avoir une trop forte pente sur les deux principales voies, aboutissant à l'église des Augustins et à l'Hôtel de Ville.

D'un autre côté, en se préoccupant un peu trop exclusivement de l'établissement de ces deux dernières voies, qui demandaient le plus grand abaissement possible, on ne faisait que déplacer l'inconvénient pour l'accès vers la place d'Aix, et, ce qui était plus grave encore, on enlevait au vieux port l'abri qu'on avait tant de raisons de conserver.

On aurait bien voulu, allant au devant des objections

qui ont été faites depuis, établir le nivellement de la grande voie suivant un plein jalon depuis le quai des Augustins jusqu'au boulevard des Dames, mais voici ce qui en résultait :

Ainsi que nous l'avons dit déjà, le quai est à la cote 2,10, le haut du Cours à 8,31, le boulevard des Dames, en face de la grande voie, à 10,47, la Cathédrale à 11,15. Or, le plein jalon déterminait l'altitude de la Place à 6,45, de sorte que cette place devenait un des points *minima* d'une vallée dans laquelle aurait été établie toute la vieille ville régénérée. Une vallée en remplacement d'une montagne protectrice, c'eût été le renversement de toutes les idées reçues, et sous tous les rapports la chose la plus insolite.

On a sagement fait en écartant toutes les solutions plus ou moins systématiques et absolues à tous égards, et en faisant de la place centrale une sorte de point culminant, dominant à la fois le quai, le boulevard des Dames, l'esplanade de La Major et le haut du Cours. La hauteur de la place fut définitivement fixée à la cote 12,40, ce qui a permis de descendre vers le quai des Augustins et vers l'Hôtel de Ville avec des pentes moindres de trois centimètres par mètre et d'atteindre le Cours, le boulevard des Dames et La Major avec des inclinaisons très douces et au dessous d'un centimètre par mètre.

Quant à l'accès de la place d'Aix, qui n'aurait pu avoir lieu qu'au moyen d'une rampe excédant cinq centimètres par mètre avec le plein jalon de la rue Impériale, il était ainsi résolu dans la double hypothèse du maintien de cette place ou de son abaissement pour la rectification de la rue d'Aix. Dans le premier cas, l'altitude de la place restant à la cote 24ᵐ 50, il est possible de joindre la place centrale avec le boulevard des Dames au moyen d'une rampe de 3 centimètres et demi par mètre, et dans le second cas, le niveau de la place d'Aix devant être abaissé de près de 5 mètres, cette même rampe excéderait à peine deux centimètres par mètre.

Telles sont dans leur ensemble les dispositions qui

furent adoptées en principe pour le renouvellement des vieux quartiers.

Il ne manquait à ce plan pour être arrêté définitivement que sa consécration par une exécution partielle.

Tout le monde comprenait, en effet, qu'une première trouée faite à travers la montagne devait avoir pour effet de fixer irrévocablement les données suivant lesquelles la transformation générale devait être effectuée. L'occasion ne tarda pas à se produire. A peine l'étude générale était-elle terminée, que le conseil municipal exprima le désir de réaliser immédiatement la grande voie destinée a relier les deux ports. Un projet spécial fut préparé à cet effet, et comme il s'agissait de faire classer cette voie parmi les routes Impériales et d'obtenir ainsi un concours de l'État, les plans furent soumis à l'appréciation de l'administration supérieure qui ne se montra pas très favorable d'abord.

On disait qu'il était presque téméraire de vouloir percer une rue à travers une montagne couverte d'habitations, et de pratiquer au sein d'une ville populeuse une tranchée de 25 mètres de profondeur. L'objection était sérieuse, on se l'était déjà faite à Marseille ; seulement on y sentait plus vivement qu'à Paris le besoin, disons plutôt l'impérieuse nécessité de relier les deux ports par une voie directe, et ce désir ardent ne devait céder devant aucun obstacle.

Le débat durait encore lorsque L.L. M.M. l'Empereur et l'Impératrice vinrent visiter notre ville, à laquelle aucun souverain depuis Louis XIV n'avait fait un tel honneur: aussi la municipalité de Marseille, à la tête de laquelle était alors M. Lagarde, témoigna par des fêtes splendides toute la satisfaction de la population. C'est le 8 septembre 1860 que Leurs Majestés arrivèrent à Marseille. Dès le lendemain, l'Empereur, touché de la réception brillante et sympathique qui lui avait été faite, manifesta le désir de laisser dans notre ville le souvenir de son passage par l'approbation d'une œuvre utile à la localité.

M. Lagarde lui présenta le programme de tous les grands travaux projetés, parmi lesquels figuraient naturellement la rénovation des vieux quartiers et particulièrement la voie principale joignant les deux ports.

L'Empereur comprit tout d'abord l'importance de cette création, mais il se rappela aussi les objections qu'avait soulevées le projet hardi qui lui était soumis : il demanda des explications catégoriques qui lui furent données par l'auteur du projet et par M. le Maire.

On fit remarquer à Sa Majesté qu'il ne s'agissait pas, ainsi qu'on paraissait le croire, d'ouvrir une simple tranchée de la largeur de la voie à travers un massif de maisons , mais bien d'un vaste déblai occupant, sur les points les plus élevés, un espace de 250 mètres de largeur permettant l'établissement de voies latérales et la construction de maisons nouvelles sur les ilots mis au niveau de la nouvelle voie. On fit observer, en outre, à Sa Majesté, que le soutènement des hauteurs respectées ne se faisait pas suivant une ligne régulière et arbitraire, mais bien suivant les contours que présentait le périmètre de la démolition, ayant toujours pour limite une des rues existantes, de sorte qu'on n'avait pas à soutenir des maisons placées à 20 et à 25 mètres au-dessus de la tranchée, mais bien des rues séparant la tranchée des maisons respectées.

Cette combinaison, qui offrait le double avantage de faciliter l'exécution des travaux et de maintenir toutes les communications existantes le long et au-dessus de la voie nouvelle, parut frapper Sa Majesté qui n'eut plus alors que des paroles d'encouragement.

L'entretien continua sur le même sujet à bord du navire qui conduisait Leurs Majestés à La Ciotat.

Là, de nouveaux éclaircissements furent donnés , soit sur le mode d'exécution, soit sur la dépense , soit enfin sur la convenance qu'il y avait au point de vue de l'humanité, de transformer ces quartiers insalubres, dépourvus d'air et de lumière. M. Frémy, conseiller d'Etat , le même qui avait signé naguère la transaction du Lazaret, était présent à cette dernière conférence. Initié aux besoins de notre ville, il vint en aide à ses représentants naturels, et l'Empereur convaincu déclara qu'il était prêt à signer un engagement définitif.

Peu d'instants après, M. Lagarde soumit à Sa Majesté un rapport rédigé à la hâte, et qui était à la fois un exposé et une proposition (1).

Ce rapport, lu attentivement par l'Empereur, fut aussitôt converti en décret par ces simples mots ajoutés par le Souverain :

Approuvé,

NAPOLÉON.

Ce 10 septembre 1860.

(1) Ce rapport était conçu de la manière suivante :

« SIRE,

« La ville de Marseille vous doit les grands travaux dont l'exécution, si longtemps « suspendue, a été rapidement décidée en 1853, par l'intervention de Votre volonté « Souveraine.

« Aujourd'hui elle sollicite de Votre Majesté un nouvel acte de cette puissance qui « aplanit les difficultés et donne l'essor aux grandes entreprises.

« Ces vastes bassins, ces grands établissements commerciaux, cette magnifique « cathédrale conquis par vous sur notre Méditerranée ou fondés sur un sol naguère « inutile sont à présent voués à l'isolement et séparés de cette belle cité pour laquelle « vous les avez créés.

« L'ouverture d'une large rue à travers cet amas d'habitations dont la condition « déplorable est notoire, peut seule opérer une réunion réclamée tout à la fois au nom « du commerce et de l'humanité.

« Mais, Sire, cet immense travail ne peut être exécuté si les ressources de l'État ne « viennent pas au secours du budget communal.

« Cette intervention du trésor n'est pas nouvelle, et jamais elle aura rencontré une « plus juste application que dans la circonstance actuelle où il s'agit d'ouvrir un débou- « ché nécessaire au premier port de l'Empire.

« Le chapitre du budget destiné à pourvoir à l'établissement et à l'entretien des routes « impériales peut aisément fournir en quelques années la somme qui vous est demandée. « Cette somme, qui s'élèverait au tiers de la dépense incombant à la ville, ne devrait pas « dépasser six millions ; ce serait donc au plus 1,500,000 fr. par an pendant quatre ans.

« Les plans et devis seraient soumis à l'approbation de Votre Majesté, et les travaux, « quoique subventionnés par l'État n'en conserveraient pas moins leur caractère muni- « cipal, en ce qui concerne l'exécution.

« Je suis, Sire,
« avec le plus profond respect,
« de Votre Majesté
« Le très-humble, très-obéissant et très-dévoué sujet et serviteur.
« *Le Maire de Marseille.*
« LAGARDE. »

Dès ce moment la rue Impériale était faite.

En effet, le lendemain une proclamation du Maire annonçait cette heureuse nouvelle aux habitants de Marseille, et invitait les propriétaires et les locataires des immeubles situés sur le tracé de la nouvelle voie à faciliter aux agents de la ville le moyen de recueillir tous les renseignements nécessaires pour l'acquisition des immeubles.

Pendant que l'on préparait les études de détails de ce vaste projet, l'Empereur, désireux d'assurer la prompte exécution des grands travaux reconnus nécessaires, envoyait à Marseille un grand dignitaire de l'Empire pour administrer le département. M. le sénateur de Maupas, dès son arrivée, hâta les opérations préliminaires, et, dès le mois de novembre, une commission spéciale était réunie à la préfecture pour donner son avis sur les résultats de l'enquête qui venait d'être ouverte et relative aux dispositions du projet de la rue Impériale.

Cette commission était composée de MM. Gimmig', président du Tribunal de Commerce ; Bernex, membre du Conseil Municipal ; Carbonnel, chanoine secrétaire-général de l'Evêché ; Grandval, membre du Conseil Général ; Laugier, président du Grand Conseil des Sociétés de Prévoyance et de Secours Mutuels ; Lucy, receveur-général ; Plagniol, membre du Bureau de Bienfaisance.

Là encore l'objection des deux pentes fut soulevée. Quelques membres demandaient pourquoi la voie principale n'était pas établie à plein jalon jusqu'au boulevard des Dames ; mais le plan général de la rénovation des vieux quartiers ayant été mis sous les yeux de la commission, elle fut unanime à reconnaître que la hauteur fixée pour la place centrale était une nécessité absolue et qu'il y avait lieu de la maintenir.

Notre honorable confrère, M. Lucy, chargé de formuler l'avis de la commission, s'appliqua à justifier cette disposition particulière du projet. Discutant l'avis de

M. l'Ingénieur en Chef du département, qui proposait de réduire la rampe entre le quai des Augustins et la place à 2 ½ pour 100, M. Lucy affirmait que ce changement aurait pour effet d'abaisser l'altitude du sommet de près de 2 mètres, en la réduisant à la cote 10, et comme cette altitude est sensiblement celle du haut du Cours et du boulevard des Dames, il s'en suivrait que la seconde partie de la rue Impériale, ainsi que la voie dirigée vers l'origine de la rue d'Aix, n'aurait plus la pente suffisante pour l'écoulement des eaux. Enfin, ajoutait M. Lucy, cet abaissement aurait encore l'inconvénient de compromettre d'une manière très grave le raccordement de la Grand'Rue et l'exécution future de la rue de l'Arc-de-Triomphe ; la conclusion fut donc qu'il fallait adopter sans modification le projet municipal.

Le Conseil Général des Ponts-et-Chaussées, consulté à son tour, après avoir exprimé des craintes sur la possibilité d'exécuter partiellement le nivellement des vieux quartiers, donna cependant un avis favorable à la date du 25 mars 1861, et le 15 avril suivant, l'Empereur, en Conseil d'Etat, signait le décret d'utilité publique du projet et fixait le concours de l'Etat à six millions.

D'après le plan approuvé, la rue Impériale, ainsi que les rues passant par la place, devait avoir une largeur de 25 mètres, celle des rues transversales et secondaires était fixée à 12 mètres, et enfin la place, de forme polygonale devait être circonscrite dans un cercle de 100 mètres de diamètre.

Ce plan a subi depuis quelques modifications et voici en quelle circonstance :

L'administration municipale avait courageusement entrepris l'exécution de son projet, mais soigneuse des intérêts de la ville, elle désirait remettre à la vigilance d'une compagnie financière l'achèvement de cette œuvre en se débarrassant d'un seul coup des terrains en bordure dont elle pouvait disposer, des travaux de nivellement et de la construction des maisons. Pour atteindre ce résultat et pour appeler des capitaux sérieux, on pensa qu'il fallait remanier le plan primitif.

On faisait observer que la place centrale était trop spacieuse et que les immeubles, et surtout les magasins qu'on y établirait, seraient trop éloignés du mouvement de la circulation. La même observation était produite au sujet de la largeur des rues qui aboutissaient à la place. Enfin, on trouvait qu'il fallait supprimer quelques rues transversales pour donner un peu plus d'ampleur aux ilots destinés à recevoir des constructions.

Cette opinion ayant prévalu au sein du Conseil Municipal et auprès de l'autorité supérieure, il fut dressé un second plan d'après lequel la rue Impériale était maintenue avec une largeur de 25 mètres, la place réduite à 65 mètres et la largeur des rues joignant la place restreinte à 16 mètres.

Cette modification fut acceptée par le Conseil Municipal le 2 juin 1862.

A partir de ce moment, des pourparlers eurent lieu avec diverses compagnies pour l'exécution du projet municipal.

M. Emile Pereire, parfaitement renseigné sur l'ensemble de l'affaire, se rendit à Marseille le 12 du mois d'août 1862 pour traiter avec la ville.

Cet habile financier, à la vue des deux plans, n'hésita pas un instant à donner la préférence au second, mais on lui fit observer que ce dernier plan, n'étant pas encore approuvé, ne pouvait pas servir de base au traité que l'on désirait conclure; et comme on avait hâte de part et d'autre de terminer l'affaire, il fut convenu que les deux plans seraient annexés au traité et que M. Pereire prendrait l'engagement d'exécuter celui des deux qui serait définitivement approuvé.

Les conditions principales du traité furent celles-ci :

Les travaux seraient exécutés à forfait moyennant une somme de six millions.

Les terrains hors ligne, dont la superficie devait être au moins de 60,000 mètres carrés, seraient évalués à raison de 300 fr. le mètre carré.

M. Pereire, s'engageait, en outre :

1° A faire tous les déblais et tous les travaux de voirie dans un délai de dix-huit mois ;

2° A bâtir les deux côtés de la rue Impériale dans un autre délai de deux ans, à partir de l'achèvement des travaux de la voie ;

3° A élever uniformément les constructions de quatre étages surmontés d'un attique, en établissant les cordons des étages, les corniches et les toitures suivant des lignes horizontales, île par île.

Ainsi que nous l'avons dit ci-dessus, M. Pereire était arrivé à Marseille le 12 août 1862, et le 14 du même mois le Conseil Municipal, réuni extraordinairement, ratifiait le traité préparé dans la journée entre M. Rouvière, alors maire de Marseille, et le Président du Crédit Immobilier.

A partir de ce moment, on pressa les expropriations commencées en février de la même année, et le 1ᵉʳ octobre suivant, toutes les acquisitions étant faites, la Compagnie put donner le premier coup de pioche.

Il s'agissait cependant de savoir lequel des deux plans serait exécuté.

Pour provoquer une décision, une nouvelle enquête fut ouverte sur le plan du 2 juin 1862, et une commission spéciale fut nommée pour recueillir les observations du public et pour formuler son avis.

Cette commission était composée de :

MM. Berthou, avocat ;

    Coste, directeur de l'Ecole de Médecine ;

    Couve, banquier ;

    Fabre, Luce, négociant ;

    Tollon, juge au Tribunal de Première Instance ;

    Vaïsse, ancien membre de la Chambre de Commerce.

Cette commission, dans un rapport en date du 30 mars 1863, s'appuyant sur les considérations pour lesquelles on demandait de réduire la largeur de la

place et celle des rues joignant ladite place, se pro-
nonça en faveur du changement; l'expérience démon-
trera si elle fit bien.

Incontestablement, au point de vue exclusif du ren-
dement des maisons, la dernière disposition est préfé-
rable à la première; mais il est permis de regretter le
premier plan qui faisait une part plus large au besoin
de la circulation et à l'élément artistique. Avec une
largeur de 100 mètres on pouvait orner la partie centrale de la place au moyen d'une colonne entourée d'un
trottoir et d'une grille, ce qui eût en même temps
discipliné le mouvement de la circulation au profit
des piétons. Il avait été question de cette décoration,
et l'on avait eu la pensée de lui donner pour hauteur,
à l'imitation de la colonne Trajanne à Rome, la profondeur du déblai exécuté sur son emplacement; on
voulait consacrer ainsi d'une manière impérissable le
souvenir de ce qui fut et la hardiesse de l'entreprise
actuelle, mais un décret à la date du 6 juillet 1863
approuva définitivement le dernier plan qui a été
fidèlement exécuté.

Nous n'avons parlé jusqu'à présent que de la rue
Impériale limitée au nord par le boulevard des Dames;
pour compléter l'historique de cette rue, nous devons
dire comment elle a été prolongée jusqu'à la place de
la Joliette, en face des docks.

Dans le principe, et à l'époque où le plan général de
la vieille ville fut étudié, l'idée avait été émise de prolonger la grande voie maritime jusqu'à la place de la
Joliette, mais le Conseil Municipal de cette époque avait
cru devoir s'y opposer dans la crainte de donner un
accès trop facile au mistral; on pensait que les maisons
du boulevard des Dames devaient former une sorte de
barrière au profit de la rue Impériale.

Lorsque cette dernière rue fut entrée dans le domaine
des faits, on comprit alors qu'avant tout il fallait livrer
à la circulation la voie la plus courte pour joindre les
deux ports; aussi, abandonnant l'idée restrictive de

l'ancien Conseil, les nouveaux édiles, dans une délibé-
ration du 5 mars 1861, déclarèrent qu'il y avait lieu de
prolonger la rue Impériale en ligne droite jusqu'aux
docks. Par un décret en date du 10 août de la même
année, ce prolongement fut approuvé et classé parmi
les routes impériales.

Cette détermination a eu pour effet de rapprocher
sensiblement les deux ports, on va en juger par les
chiffres suivants :

La longueur de la rue Impériale entre les Augustins
et le boulevard des Dames est de........ 774^m 55

Son prolongement jusqu'à la place de la
Joliette a une longueur de............. 279, 64

Ce qui fait ensemble........... 1,054^m 19

La longueur développée des quais de
l'Hôtel-de-Ville, de Saint-Jean et de la
Joliette jusqu'à la place de ce nom, étant
de................................. 1,970

La nouvelle voie présente un raccourci
de................................. 915^t 81

Ce fait est concluant et justifie à lui seul l'importance
du sacrifice que la ville et l'Etat se sont imposé en
faveur du commerce marseillais.

Nous allons maintenant examiner dans ses détails le
projet conçu et exécuté par la ville.

Le champ de l'opération de la rue Impériale proprement dite s'est étendu sur une superficie de 105,000
mètres carrés, y compris la surface des voies existantes
qui était de 20,000 mètres carrés, de sorte que les
immeubles à démolir présentaient une superficie de
85,000 mètres.

Le périmètre de ce vaste champ était borné au sud
par le *quai du Port* et la *rue des Auffiers*, dont une
faible partie a été conservée; au nord, par le *boulevard
des Dames*; à l'ouest, par les *rues Juge-du-Palais,
Saint-Jaume, des Consuls, de la Salle, Cordellerie, de*

la *Mûre*, *Grand'Rue*, *traverse de l'Olivier*, *Castillon*, *du Prat*, *Fontaine-de-l'Aumône*, *Négrel*, *des Ingariennes*, *de la Roquette*, *des Belles-Ecuelles*, *Fontaine-Neuve*, *Saint-Antoine*, *Montbrion*, *des Phocéens*, *Sainte-Pauline* et *de la Comète*.

Le côté est était limité par les rues *des Quatre-Tours*, *Belzunce*, *Grand'Rue*, *des Prêcheurs*, *Saint-Pierre-Martyr*, *Fonderie-Neuve*, *de la Chaîne*, *des Trois-Fours*, *des Icardins*, *place des Grands-Carmes*, *rue des Carmelins* et *rue de Lorette*.

Ce périmètre comprenait quatre voies principales traversant la vieille ville de l'est à l'ouest, c'était les rues *Coutellerie*, *Grand'Rue*, *Sainte-Marthe* et *Lorette*.

Les deux premières de ces rues ont pu être raccordées directement, les deux autres ont été coupées sur une grande profondeur et n'ont pu être raccordées qu'au moyen d'escaliers adossés contre les murs de soutènement.

Les rues complètement détruites étaient au nombre de trente-huit, elles portaient les noms de : *Fontaine-Sainte-Anne*, *traverse Coutellerie*, *des Dominicains*, *de l'Aumône*, *Cave-de-l'Oratoire*, *Grande-Horloge*, *Lit-des-Gavots*, *des Sept-Maisons*, *Neuve-du-Moulin-d'Huile*, *du Mûrier*, *traverse Sainte-Claire*, *Chevalier-Rose* (*place*), *Siam*, *Tasse-d'Argent*, *Ambouquier*, *des Soleillets*, *Belle-Table*, *Foie-de-Bœuf*, *Sainte-Claire*, *des Gavottes*, *de l'Eperon*, *du Cheval-Blanc*, *de la Campane*, *de la Piquette*, *Trou-de-Moustier*, *Fontaine-de-la-Samaritaine*, *Grande-Roquebarbe*, *du Clavier*, *de la Calandre*, *Etroite*, *de la Treille*, *Point-du-Jour*, *de la Rosière*, *Fontaine-Saint-Claude*, *des Isnards*, *Fontaine-Neuve*, *la Belle-Marinière*, *du Prat* ;

Les rues atteintes en partie seulement étaient au nombre de vingt-trois et portaient les noms suivants :

Des Auffiers, *Coutellerie*, *des Quatre-Tours*, *Saint-Jaume*, *Saint-Victoret*, *des Consuls*, *de la Croix-d'Or*, *de la Salle*, *de la Mûre*, *des Grands-Carmes*, *Castillon*, *Fontaine-de-l'Aumône*, *Négrel*, *des Belles-Ecuelles*, *de la*

Roquette, Lorette, Grandes-Maries, boulevard du Belloy, rue du Pont, des Prêcheurs, de la Chaîne, des Festons-Rouges et des Trompeurs.

La presque totalité de ces dernières rues, quoique raccourcies, ont conservé les accès quelles avaient autrefois ; les rues Saint-Jaume et Saint-Victoret seules ont été fermées à leurs extrémités nord pour faciliter l'établissement des constructions nouvelles, et aussi parce qu'elles sont destinées à disparaître complètement, d'après le plan général de la vieille ville régénérée.

Toutes les rues détruites ou coupées seulement ont eu leur historien. M. Augustin Fabre, dans un travail précieux qu'il a publié en 1862, a fait connaître des détails très intéressants sur l'origine des noms donnés à ces rues et sur les événements saillants qui s'y sont passés ; nos neveux pourront, en consultant cet ouvrage et en parcourant la rue Impériale et ses attenances, se représenter ce qu'était la partie de la vieille ville disparue pour toujours.

D'ailleurs l'administration municipale, dans le même but, a fait relever, avant leur démolition, l'aspect général de la plupart de ces rues au moyen de la photographie, et je suis heureux, Messieurs, de pouvoir déposer dans nos archives un exemplaire de cet intéressant atlas, exécuté par notre compatriote M. Terris.

Rien ne caractérise mieux l'importance du travail entrepris par la ville que le nombre des maisons démolies et celui des habitants qu'elles contenaient ; neuf cent trente-cinq maisons grandes ou petites sont tombées sous les coups des démolisseurs et seize mille habitants ont été déplacés.

C'était une ville entière et une ville de troisième ordre qui disparaissait, avec cette différence cependant, que cette ville devait renaître avec tous les attraits de la jeunesse et de la beauté, et que ses habitants, renvoyés et non dispersés, pouvaient trouver à proximité des logements préparés pour eux.

En effet, dès que les intentions de l'autorité furent

connues, des spéculateurs prévoyants ouvrirent de nouveaux quartiers, construisirent à la hâte de nouvelles maisons à l'usage des habitants qu'on allait déplacer, de sorte que lorsque ceux-ci furent contraints de quitter leurs domiciles, ils trouvèrent, à des prix modérés, des logements appropriés à leur condition, et dans des rues où l'air et la lumière ne faisaient pas défaut.

Du reste, cette translation se fit avec ordre, d'une manière successive, et dans une période qui ne dura pas moins de dix-huit mois.

L'ouverture de la rue Impériale a été également l'occasion de recherches et de découvertes assez intéressantes au point de vue archéologique. Quoique ces découvertes n'aient pas répondu peut-être à l'attente générale, elles n'en méritent pas moins d'être mentionnées, et c'est ce que nous allons faire en indiquant séparément les objets trouvés dans les démolitions et ceux qu'on a recueillis dans les déblais du sol.

En démolissant les maisons des rues St-Jaume, du Pont et Belzunce l'on a trouvé des vestiges de l'ancien Collége des Jésuites, dont la plus grande partie était occupée par l'entrepôt de verres de M. Rozan. La façade principale de ce grand établissement, placée sur la rue Belzunce, était assez bien conservée dans ses principales masses, et l'on a pu voir encore dans l'intérieur une partie du plafond qui ornait autrefois l'église de cette communauté religieuse.

Sur la rue St-Jaume, et dans l'un des magasins appartenant à la maison n° 8, on a trouvé dans un assez bon état de conservation le tombeau de Monseigneur de Foresta, évêque d'Apt, décédé à Marseille en 1736.

On a été amené à cette découverte par une désignation de M. le Maire d'Apt, qui réclamait en faveur de sa commune les restes de cet illustre évêque.

Malheureusement, il n'a pas été possible de satisfaire à la demande de cet honorable magistrat, le tombeau était entièrement vide. Est-ce là le résultat d'une violation ou d'une translation? La première hypothèse paraît la plus vraisemblable puisque les membres existants de cette ancienne famille provençale n'ont trouvé aucun indice qui pût justifier la seconde supposition !

A l'angle de la rue de l'Aumône et de la Grand'rue, se trouvait la maison d'habitation de la famille de Forbin, si célèbre dans les annales de notre ville. Cette maison offrait un très grand intérêt au point de vue historique et architectural. Elle rappelait, par la division de ses façades et surtout par les détails de ses ornements, l'époque dite de la Renaissance où les arts se développèrent sous de nouvelles inspirations.

Quelques-unes des croisées, particulièrement celle qui ornait la principale façade, avaient conservé leur caractère primitif, et l'on pouvait juger, par les ornements qui entouraient le cadre de cette dernière, du mérite supérieur de l'artiste, malheureusement inconnu, à qui ce travail avait été confié.

Le dernier des représentants de la famille de Forbin a sollicité et obtenu la remise de cette croisée qui a été déplacée avec le plus grand soin.

Dans la rue de la Salle on a dû démolir l'ancienne habitation des seigneurs de ce nom. Cette construction, qui remontait au 17° siècle, malgré les mutilations dont elle avait été l'objet, avait conservé un certain caractère de grandeur. La porte d'entrée, respectée à peu près, était encore ornée par des trophées fortement en saillie sur la façade. Les dispositions générales étaient conçues dans un esprit large et de bon goût ; seulement la sculpture, en tant qu'œuvre d'art, était beaucoup inférieure à celle de la maison de Forbin.

A la hauteur de la rue Ste-Marthe et à l'angle de la rue des Grands-Carmes se trouvait l'ancien Collége des Oratoriens, fondé avec le concours de la ville, qui avait confié à cette célèbre corporation le soin d'instruire la jeunesse de Marseille.

Mais à l'extérieur, rien ne rappelait plus ce grand établissement ; des constructions privées avaient envahi les principales façades ; il ne restait de réellement intact que la grande terrasse et quelques vestiges des bâtiments intérieurs.

On a trouvé cependant, au-dessous des vieilles maçonneries et à cinq mètres de profondeur au-dessous du sol, la pierre de fondation du collége. Cette pierre de forme rectangulaire avait une longueur de quatrevingt-dix centimètres et une largeur de soixante-dix-huit centimètres ; son épaisseur était de trente centimètres environ. Elle portait une longue inscription témoignant que la première pierre de l'édifice avait été posée le huitième jour des calendes de septembre de l'année 1657. Dans l'une des entailles pratiquées dans l'épaisseur de la pierre, l'on a trouvé un écu simple frappé dans l'atelier monétaire d'Aix en 1656 au type de Louis XIV. Il n'est pas sans intérêt de noter que la place centrale actuelle occupe l'emplacement de cet ancien collége, et que le centre du polygone correspond exactement au milieu de la terrasse formant autrefois la cour intérieure de ce grand établissement.

Au delà de ce point, on n'a plus rien trouvé de remarquable dans les démolitions. Nous citerons toutefois, mais à titre de souvenir historique seulement, l'habitation de Pierre Libertat, située rue de Lorette. Cette habitation avait été transformée, et divisée en deux maisons ordinaires portant les nᵒˢ 12 et 14. Dans l'une de ces maisons, on pouvait encore apercevoir des reste de lambris à panneaux et une fort belle et vaste cheminée dont les sculptures appartenaient au style de la renaissance. Cette pièce, qui servait d'atelier à un menuisier, avait pu être le salon du célèbre conspirateur.

Après la démolition des maisons, on organisa des chantiers pour le déblai de la montagne. Cette organisation puissante, composée de deux mille cinq cents mineurs ou terrassiers, de plusieurs kilomètres de chemins de fer superposés, de quatre locomotives et de deux cent cinquante wagons, avait pour objet d'abattre et de transporter dans l'anse d'Arenc et de l'Attaque plus d'un million et demi de mètres cubes de roche, de terre et de débris de toute espèce provenant des démolitions. Un pareil chantier, établi au milieu d'une ville, était par lui même un vrai spectacle. Cette activité dévorante, dirigée avec un ordre parfait, eut raison de la montagne en moins de vingt mois.

On avait sérieusement mis la main à l'œuvre vers le mois de décembre 1862 et le 15 août 1864 la voie était ouverte, livrée au public et prête à recevoir les constructions qui devaient la border.

L'exécution d'un déblai de cette importance, dont la profondeur atteignait jusqu'à vingt-cinq mètres, et au cœur même de l'antique cité phocéenne, avait naturellement éveillé l'attention des archéologues de la localité. On croyait généralement que les couches successives qu'on allait fouiller étaient riches de vestiges du passé, et que des révélations importantes allaient surgir des profondeurs de ces terrains foulés par les fondateurs de notre ville. Malheureusement ici, comme pour les démolitions, les fouilles n'ont pas répondu à l'attente de nos savants investigateurs du passé.

On a trouvé, il est vrai, un assez grand nombre de médailles, mais presque toutes ces monnaies étaient tellement oxidées et usées qu'on a dû les considérer comme des non-valeurs. On a pu cependant enrichir notre cabinet de médailles de quelques pièces précieuses que nous sommes heureux de pouvoir énumérer.

On a recueilli 7 drachmes *gallo-grecques* de Marseille, au type de Diane ;

Un denier de Charles III ;

Une médaille de Trajan portant au revers le pont du Danube ;

Une médaille d'Amalaric, roi des Visigoths, portant le monogramme de ce souverain, et au revers celui du Christ ;

Une médaille d'Adrien portant l'aigle romaine au revers.

Trois médailles marseillaises portant sur l'une des

faces la tête de Minerve casquée ou celle d'Apollon, et sur l'autre face, le caducée ou le taureau cornupète.

Dans des tombeaux en briques, trouvés sur le prolongement de la rue Impériale et au delà du boulevard des dames, on a recueilli une médaille Marseillaise, un bronze d'Arcadius, et deux médailles du bas empire.

Cette dernière découverte peut avoir une assez grande importance; elle peut faciliter les recherches sur l'origine du vaste ossuaire qu'on a rencontré vers cette partie des abords de la ville, qui furent le théâtre de grands événements soit à l'époque de la conquête Romaine, soit dans le moyen âge. Nous aurons, du reste, à revenir sur ce sujet en rappelant l'existence d'une véritable nécropole antique trouvée dans le même quartier.

Appelé par nos fonctions officielles à suivre la marche des déblais qu'on faisait sur ce point, nous avons remarqué que les tombeaux épars trouvés sur l'emplacement de l'ancien Lazaret, et particulièrement dans la propriété Boisgelin, étaient placés suivant des plans parfaitement distincts, séparés les uns des autres par une couche de terre, dont la puissance variait entre 4 et 5 mètres.

Cette superposition ferait conjecturer que, sur ce même point, il a existé plusieurs champs de repos formés à des époques différentes et à la suite de comblements successifs.

En outre des médailles, les déblais de la rue Impériale ont mis à decouvert quelques objets pouvant offrir un assez grand intérêt historique, lors qu'un examen plus approfondi en aura déterminé la véritable origine. Sans nous arrêter aux détails des trouvailles faites en poteries, tronçons de vieilles armures, vases, etc., il convient de signaler les trois faits saillants et caractéristiques sur lesquels a déjà été appelée l'attention des savants.

Le premier de ces faits, c'est l'existence d'une carcasse de navire engagée en partie sous les maisons qui bordent le quai du port un peu au delà de l'église des Augustins.

Une partie de ces maisons ont dû être démolies pour le passage de la grande voie Impériale et pour la construction des nouvelles maisons qui forment l'île comprise entre la rue Impériale, le quai, la rue Juge-du-Palais et la rue Coutellerie.

Le terrain sur ce point était si mouvant, que les constructeurs jugèrent à propos de creuser des puits cylindriques, de remplir ces puits avec du béton hydraulique, et de réunir ensuite ces sortes de piliers au moyen de voûtes devant former le premier plancher.

En creusant l'un de ces puits, on rencontra, à la profondeur de trois mètres environ, un objet résistant sur lequel reposaient des pieux ayant servi d'appui aux fondations des maisons démolies. On ne tarda pas à reconnaître que cette résistance provenait d'une ou plusieurs pièces de bois paraissant occuper toute la surface inférieure du puits.

La commission archéologique, instituée par M. le Maire, se transporta sur les lieux, et elle jugea à propos de faire exécuter des fouilles spéciales en vue de découvrir ce que pouvait être cet assemblage de bois situé à plus de deux mètres au dessous du niveau de la mer.

La fouille mit à découvert l'existence d'un navire, échoué sans doute à une époque très-éloignée de nous. Malheureusement, la plus grande partie de ce navire se trouvait engagée sous les maisons conservées et l'on dut se contenter d'en extraire la partie située entre le puits et les terrains non encore couverts de constructions.

La portion enlevée mesurait en largeur 3ᵐ 55, et en longueur 3ᵐ 85, elle se terminait en pointe et paraissait former l'avant du navire, dont la coque et les membrures étaient en bois de cèdre et de cyprès.

Quelle pouvait en être la longueur totale ? Il semblait d'abord très difficile de la déterminer. Toutefois, en considérant la largeur de l'avant et à l'aide de l'analogie, on pourrait, sans craindre de commettre une erreur grossière, attribuer à ce navire une longueur totale de 12 mètres environ.

Puis d'autres questions surgissaient d'elles-mêmes. Ainsi, à quelle époque pouvait-on faire remonter la construction de ce navire? Quelle en était la destination? et comment se trouvait-il enfoui à une aussi grande profondeur au-dessous de la mer?

Il n'a pas encore été répondu à ces questions. Il est fort regrettable que la commission appelée à suivre les travaux des fouilles se soit séparée avant d'avoir formulé une opinion à cet égard.

Quant à expliquer la situation de ce navire sous la mer, il suffit d'admettre que la mer s'étendait au-delà des limites actuelles vers les Prêcheurs, et que le rivage composé de matières compressibles a permis au navire échoué de s'enfoncer dans le sol par le seul effet de son propre poids. Enfin, on a trouvé, non sans quelque surprise, sur ses restes intacts et probablement recouverts par l'eau, de nombreux débris d'objets en métal et en verre entièrement fondus.

Le second fait important révélé par les fouilles de la rue Impériale, c'est la découverte, sous le sol de la rue Négrel, de pierres tumulaires sans caractère particulier, mais dont l'origine paraît fort ancienne.

Ces pierres, au nombre de 47, étaient disposées dans un terrain entièrement meuble, et à deux mètres en contre-bas du sol de la rue.

On a supposé, avec quelque raison, que c'était là l'emplacement d'un ancien cimetière, ou du moins une portion d'un champ plus vaste dans laquelle on avait accumulé les pierres tumulaires qu'on a eu l'heureuse fortune de retrouver.

Ces petits monuments sont tous surmontés d'un personnage assis, dans une même attitude et de forme identique. Sont-ils d'origine phénicienne? on est assez porté à le croire, quoique la question ne soit pas encore complètement résolue.

Deux raisons assez plausibles donnent cependant quelque créance à cette opinion; d'abord le genre même des figures et des draperies, puis la découverte faite sur le même point, en 1845, d'une pierre portant une inscription réellement phénicienne, et que chacun peut voir à notre Musée. Il ne serait pas impossible qu'il existât une certaine relation entre les pierres tumulaires trouvées aujourd'hui et l'inscription découverte en 1845.

D'ailleurs la présence d'un établissement Phénicien sur nos rivages n'aurait rien de surprenant, car, si l'histoire ne mentionne pas sur cette partie du littoral l'existence d'une colonie fondée par ces intrépides commerçants, elle nous apprend du moins que bien des siècles avant la civilisation grecque, ces enfants de l'Asie étaient répandus dans tout le monde connu à cette époque, et qu'ils étaient les maîtres absolus du commerce de la Méditerranée.

On peut donc admettre qu'un groupe de ce peuple essentiellement commerçant se soit momentanément établi auprès de ce port naturel qui devait fixer plus tard l'attention des proscrits de Phocée.

Ainsi s'expliquerait naturellement l'existence, sous le sol que l'on vient de fouiller, des vestiges d'une civilisation antérieure à celle de la Grèce et de signes étrangers à la religion et aux usages des fondateurs de notre ville.

Du reste, quoi qu'il puisse ressortir de l'examen des questions soulevées à propos de ces monuments, on doit se féliciter qu'on ait pu les recueillir et les soumettre à la sagacité de ces patients historiens des temps reculés, qui ne manqueront pas d'en tirer quelques lumières au profit de la science et de l'histoire de notre antique cité.

Le troisième sujet d'observation s'applique à une nécropole découverte dans les terrains situés à l'Est du prolongement de la rue Impériale, entre le Boulevard des Dames et la place de la Joliette, sur l'emplacement des maisons construites par MM. Bailly et Lallier.

M. Penon, appelé à concourir à la constatation des objets révélés par cette découverte, a publié en 1866 une notice, insérée dans le *Recueil des Travaux de la*

Société de Statistique, dans laquelle ce savant archéo-
logue a fourni des détails très intéressants sur la
nécropole dont nous allons indiquer les principaux
caractères :

Le sol primordial était situé, en moyenne, à 3
mètres de profondeur au-dessous du sol actuel ; une
forte couche de remblais de toute nature recouvrait
les tombes mises à découvert en creusant les caves
des maisons nouvelles.

On a trouvé placées dans un certain ordre 32 tombes en pierre et un très grand nombre de tombes
en briques. Une centaine environ ont été reconnues,
mais une plus grande quantité a été bien certaine-
ment détruite par les terrassiers occupés à déblayer
le sol.

Les tombes en pierre étaient de la forme dite auge,
c'est-à-dire un monolithe rectangulaire creusé pour
recevoir le corps. Leur longueur variait entre 1ᵐ 80
et 2 mètres. La nature de la pierre était calcaire et
provenait des carrières de la Couronne situées près
de Martigues. Tous ces cercueils étaient bruts, sans
ornement, taillés à grands coups avec l'*ascia* et recouverts d'une pierre massive ornée de cornes en
forme de fronton.

Deux de ces cercueils présentaient une particularité
assez curieuse, c'est que la longueur de 2 mètres
ayant été insuffisante pour recevoir les corps, la
pierre du fond avait été percée pour le passage des
pieds, soutenus au dehors par une petite voûte en
briques.

L'un des tombeaux différait des autres en ce sens
qu'il était en marbre, et orné sur la face principale d'un cartouche inachevé et sans inscription.

Les tombes en briques se composaient de trois par-
ties : l'une, formant le fond, sur laquelle reposait le
corps ; les deux autres retenues à leur base par une
sorte de cornière, se joignaient à leur partie supérieure et déterminaient en section un triangle isocèle ;

une tuile faitière recouvrait l'arête supérieure et le cadavre était ainsi à l'abri des infiltrations du sol.

Il a été trouvé également un cercueil en pierre ayant servi à l'inhumation par incinération. Cette pierre avait été fouillée et contenait une urne funéraire en verre renfermée elle-même dans une enveloppe de plomb.

Enfin, on a découvert et constaté la présence de 4 petits cercueils en plomb, dont 2 rectangulaires et 2 cylindriques : dans l'un se trouvait une belle urne en verre irisé renfermant des ossements calcinés.

Tels sont, dans leur ensemble, les objets révélés par les fouilles exécutées sur cette partie excentrique de la rue Impériale.

Le nombre des tombes, leur arrangement, la présence des corps dans les cercueils, tout prouve que c'était là un lieu de sépulture ; mais que d'autres questions soulève cette découverte ! Cette nécropole était-elle payenne ou chrétienne ? A quelle époque a-t-elle été établie ? Était-ce un cimetière civil et commun, ou un cimetière militaire improvisé ?

M. Penon, que nous avons déjà cité, se prononce en faveur d'un cimetière romain et payen appartenant au 3ᵉ siècle ; il croit, en outre, que ce cimetière exclusivement militaire a été improvisé à la suite d'une bataille, et voici sur quoi il fonde son opinion, que nous partageons, du reste, ayant nous-même concouru à la constatation des faits signalés.

D'abord les cadavres avaient tous, sans exception, les bras étendus le long du corps selon la coutume des payens, tandis que les chrétiens ont toujours eu le soin de disposer leurs morts dans l'attitude de la prière, en leur croisant les mains sur la poitrine ; le type payen paraîtrait donc ainsi suffisamment caractérisé.

En second lieu, une inscription romaine d'un très bon modèle a été trouvée à côté d'une tombe. De plus, tous les corps appartenaient à de jeunes hommes, et quelques-uns portaient encore les traces des blessures qui avaient dû occasionner leur mort.

Enfin, ces tombes non achevées, dont quelques-unes, nous l'avons dit déjà, étaient trop courtes pour recevoir les géants auxquels elles étaient destinées, tout cela témoigne d'une grande précipitation dans les inhumations, ainsi que cela a lieu à la suite d'un événement extraordinaire.

Il faut ajouter aussi que M. le docteur Ernest Maurin, qui a examiné avec un soin minutieux tous les cadavres découverts, a déclaré, avec l'autorité de la science phrénologique, qu'il possède à un si haut point, que les têtes appartenaient au type romain.

En ce qui concerne l'âge du cimetière, il semble qu'on puisse le déduire des deux modes d'inhumation employés simultanément.

En effet, dans les temps les plus reculés, les Romains, suivant en cela l'usage des Grecs, brûlaient leurs morts lorsqu'ils restaient maîtres du champ de bataille.

Plus tard, après l'avénement du christianisme, ce genre d'inhumation fut abandonné, pour faire place à celui de l'ensevelissement.

Dans les deux premiers siècles de l'ère chrétienne l'incinération était encore observée rigoureusement, mais dès le 4ᵉ siècle le mode chrétien était généralement pratiqué.

Le troisième siècle a donc été l'époque de transition entre le mode nouveau et le mode ancien, et comme, dans le cimetière découvert, l'incinération n'est qu'une exception, on peut en conclure que ce cimetière a dû être formé vers la fin du 3ᵉ siècle.

Il est fort regrettable qu'on ait été conduit à cette conclusion par de simples inductions, et que l'on n'ait trouvé dans ces tombes aucune de ces preuves manifestes sur lesquelles la science aime à s'étayer.

La cupidité des contemporains de cette époque reculée est là seule cause de notre déception d'aujourd'hui ; ce cimetière a dû être violé, on s'en apercevait au désordre qui régnait parmi les cadavres, dont quelques-uns avaient la tête rejetée vers les pieds. On sait que les anciens étaient dans l'usage de placer les objets précieux qu'affectionnait le mort au-dessous de sa tête. Les violateurs n'ignoraient pas cette coutume, ils avaient tout enlevé ; un seul cadavre portait à un de ses doigts un anneau en bronze, c'est là tout ce qui a été laissé à la postérité.

Ici se termine la tâche que nous nous sommes donnée de consacrer le souvenir des faits se rapportant à l'ouverture de la rue Impériale, des découvertes historiques et archéologiques produites par les démolitions et par les fouilles qui ont été la conséquence de cette grande création.

Bientôt il sera possible de faire un autre genre de description en se plaçant au point de vue purement artistique, et en analysant les constructions réellement monumentales qui doivent couvrir le nouveau quartier.

La rue Impériale proprement dite est déjà bordée, sur une grande partie de son parcours, par de magnifiques maisons dont l'aspect est d'un effet saisissant.

L'habile architecte de la Compagnie immobilière, inspiré par les beaux modèles que nous ont légués les trois derniers siècles, a rappelé dans les divers îlots bâtis d'ensemble deux époques mémorables : l'une, remontant au règne de Henri II, qui correspond à la renaissance des arts ; l'autre, embrassant les règnes de Louis XIII, de Louis XIV et de Louis XVI, pendant lesquels des hommes de génie surent allier la sévérité de l'art antique avec le goût élevé et les besoins de la société moderne.

Ces riches et belles constructions formeront le digne complément d'une œuvre vraiment grandiose par son utilité et par son importance.

Son utilité, tout le monde a su l'apprécier ; elle ne

saurait être aujourd'hui, mise en discussion. Quant à son importance, nous allons l'indiquer par quelques chiffres et nous finirons par là ce mémoire déjà peut-être un peu trop long.

Les acquisitions des immeubles situés dans le champ de l'expropriation ont coûté, y compris les indemnités allouées aux locataires de ces immeubles, en nombre rond...................... F. 34.700.000

Les travaux de déblai, de pavage, de trottoirs, d'égouts, etc., se sont élevés à........................... 6.000.000

Les nouvelles constructions établies ou à établir sur toute la surface disponible sont évaluées à............ 50.000.000

Ce qui fait ensemble............. F. 90.700.000

A laquelle somme il faut ajouter pour frais d'administration et pour perte d'intérêts d'argent pendant l'exécution des travaux et des maisons.. 9.300.000

Ce qui porte le coût final de l'opération à................................ F. 100.000.000

Ce chiffre parle assez haut pour se passer de commentaire; il exprime à lui seul la grandeur de l'œuvre réalisée dans notre ville, au profit du commerce, de l'industrie et de l'hygiène publique.

Donc, plus d'obstacle aujourd'hui entre l'ancien port et les nouveaux; les deux villes se donnent la main, et à la place de rues sordides, rampantes, privées d'air et de lumière, Marseille peut montrer avec orgueil une voie splendide portant le double sceau de l'utilité et de la grandeur.

Cependant, quelque considérable qu'elle soit, cette œuvre, rappelons-le en finissant, est incomplète; elle n'est qu'une partie d'une œuvre plus générale, et une partie qui n'aura, par conséquent, son aspect propre, sa véritable physionomie que le jour où les autres grandes artères conçues et projetées dans le plan d'ensemble, en recevant leur exécution, auront ouvert tous les accès et uni tant de points encore aujourd'hui séparés.